AF609213

Downtown l'univers

Marc Labelle

Downtown l'univers

POÉSIE - FICTION

Version ebook disponible

Autoédition 2021

Imprimé à la demande
Dépôt légal : 2e trimestre 2021
Bibliothèque nationale du Québec
Bibliothèque nationale du Canada
ISBN 978-2-9819891-0-9

Correction : Marlène Lavoie
Illustration de la couverture : Gaétan Venne
Mise en page et Co-Autoédition :
Emilie Varrier — VotreSoutienAdministratif.com

Ce livre
est dédié aux jeunes
que nous laissons
trop souvent sans abri
sans toit...

Un petit garçon voit

Assis sur un banc d'église, je pense à une petite fille.
Je regarde les gens et me demande pourquoi ne pensent-ils pas à leur petit garçon, à leur petite fille ?
Pourquoi prient-ils ?

Un monsieur avec un gros nez me fait pouffer de rire. Mon père me jette un coup d'œil sévère et me dit : « Écoute ce que dit monsieur le curé ».

Je divague maintenant vers l'homme en tunique. Il veut sûrement attirer l'attention avec sa grande robe. Tout le monde le regarde, personne ne rit.

Arrive le temps d'une prière et mon père me dit : « À genoux et prie le bon Dieu » Prier ? Je m'agenouille, je joins les mains et je force du nez.

– Hey ! Ça fait rien.

Je pense à cette petite fille et me dis que si Dieu me la présentait, il serait très bon.

Mon corps est fatigué, mon cerveau s'agite. Un sentiment de dégoût m'anime. À genoux, assis, debout, à genoux, assis, debout. Pourquoi est-ce qu'on reste pas assis ?
Chus tanné !

Je regarde l'heure.

À quelle heure ça finit ?

Il y a ce monsieur qui passe un panier. Les gens mettent des sous à l'intérieur. Mon père me dit que c'est pour les petits pauvres. Il me donne 15 sous pour mettre dans le panier. J'ai bien envie de garder une des deux pièces pour m'acheter des bonbons ou un paquet de cartes de hockey à 5 sous.

Mais le monsieur me fait peur. Il a une grosse moustache, des gros yeux bruns ressortis avec des sourcils épais. Il est tout de noir vêtu. Je mets rapidement les deux pièces dans le panier et je pense aux cartes de hockey.

C'est long !

Je rêve à la petite fille. Est-elle dans l'église ? Je me sens amoureux, j'ai six ans. Je rêve, nous sommes près d'un pommier. Des nuages blancs nous traversent. Je la tiens par la main. Je suis heureux de la voir tout de blanc vêtue. Ma mère m'a aussi très bien habillé en ce dimanche, avec ma chemise blanche et mon veston bleu, et tout bien peigné aussi. Elle m'a appris à cirer mes souliers.

Nous nous asseyons au pied de l'arbre. Je lui offre une belle pomme rouge que j'avais précieusement gardée dans ma poche de veston.

Mon cœur bat très fort...

Je me mets à penser à quand nous serons grands.
Les nuages blancs nous traversent.

– Hey Marco ! La messe est finie, on s'en va.
– Hein !

C'est mon père.

– Je pense que tu t'ennuyais, tu t'es endormi.
– Mais non, je pensais à toutes sortes de choses.
– Comme quoi ?
– Hein !

Départ

Je me sens si petit
Aujourd'hui
Que j'irais m'allonger
Dans les soies
D'une rose

Dans les pétales
D'une rêverie
Moins morose

L'œil…

L'œil froid
Qui vous regarde
Qui vous scrute
Partout où vous allez

L'œil froid
Dont vous êtes la proie
Qui veut vos pensées
Votre sang, votre argent
Même vos enfants

L'œil froid
Média mondial, tyran
M'a empalé
Mes yeux, crevé
Devant une étrange boîte carrée

Avant

Je ferme les yeux
La terre devient rouge comme le sang
Je lève les bras
Le ciel a brisé sa chaîne d'argent

On oubliera
Tous ces enfants emportés par le vent
On oubliera
Et il faudra tout recommencer

Qui s'élèvera
Quand nos drapeaux seront brûlés
Qui s'élèvera
Si l'humanité n'est plus qu'un bûcher

On oubliera
Tous ces enfants emportés par le vent
On oubliera
Et il faudra tout recommencer

Qui s'élèvera
Si même l'amour n'a plus de toit
Qui s'élèvera
Quand son armure fera la loi

On oubliera
Tous ces enfants emportés par le vent
On oubliera
Et il faudra tout recommencer

Vendeurs d'armes

Le soldat meurt dans sa tranchée
Le vendeur dort sous les palmiers
Le sang coule à la télé
Le dealer boit à grandes gorgées

Une limousine s'est arrêtée
Des hommes gris se sont parlé
Ils préparent un autre marché
C'est le papier contre l'acier

Les milliardaires se font bronzer
Leurs yeux cachés pour oublier
Les milliardaires se font bronzer
Un casque bleu est transpercé

Un autre cigare s'est allumé
C'est en cash qu'ils ont payé
La marchandise va être livrée
Leurs yeux de feu se sont croisés

C'était un autre éclat de mortier
Derrière l'oreille qu'il l'a touché
La limousine a démarré
Une valise noire remplie de blé

Pétrole

T’as vu les aiguilles
Qui transpercent son corps
Et tout ce liquide noir
Qui brûle sur sa peau

T’as vu les trottoirs
Qu’on l’oblige à porter
T’as vu, on a changé
La couleur de ses eaux

Tous les seigneurs de cette ère
Fiers comme des corbeaux
L’aigle avec ses serres
Tue encore un oiseau

Tous les seigneurs de cette ère
Construisent des châteaux
Tous les seigneurs de cette ère
Portent bien leurs chapeaux

T’as vu le brouillard
Qu’il lui faut respirer
T’as vu, t’en as marre
Il te faut continuer

T’as vu des dollars
Tu t’es habitué
T’as bu le nectar
Puis t’as tout oublié

Pourquoi

Pourquoi ces voix humaines
Qui crient sur des radeaux
Et les pleurs de leurs femmes
Qui coulent comme l'eau

Pourquoi parlent-ils la bouche pleine
En donnant leur argent
Pourquoi coupe-t-on la chaîne
En voyant ces enfants

Il faudra que j'en parle
À ces hommes du Tibet
Il faudra que j'en parle
À ces gens qui parcourent les sommets

Ne sommes-nous pas
Que le pâle reflet
De cet enfant qu'on disait
Qu'il vivrait à jamais

Pourquoi les gens s'éclatent-ils
Oubliant les tourments
Pourquoi les hommes se battent-ils
Liant leur mal, en-dedans

Et pourtant, je me cache
Oubliant ces moments
Et pourtant, je me tache
Dans cette vie, trop souvent

Sans nom

Je marche dans la rue avec la nuit
À c't'heure que j'fais des graffitis
Le cri de mon cœur creuse un sillon
J'inscris mon nom dans le béton

Tout le monde a droit à son carré
On a le droit de ses idées
J'prends c'te boutte-là en attendant
On m'a laissé un peu de ciment

Tu leur diras que je suis sans nom
Qu'y a de la lumière, même sous les ponts
Tu leur diras que je suis Samson
Avant que je coule dans le béton

Je marche dans la rue avec la nuit
Peut-être ben que l'jour m'a pas suivi
J'mets mes éclairs drette su'l ciment
Ça se passe comme ça, en attendant

Tu leur diras que je suis pas un con
J'fais de la lumière, en dessous des ponts
Tu leur diras qu'à les voir faire
J'aime mieux la nuit, pis ses éclairs

Tu leur diras que je suis sans nom
Qu'y a d'la lumière même sous les ponts
Tu leur diras que je suis Samson
Avant que j'coule dans le béton

Où

Mais où allez-vous
Avec toutes vos machines
Où allez-vous
Avec tous vos robots

Mais où allez-vous
Sans avoir d'échine
Pourquoi me dites-vous
Que tout sera beau

Puis c'est mon cœur
Et mon âme
Que l'on blâme
Avec tous ces gens
Qu'on affame

C'est mon cœur
Et mon âme
Que l'on blâme
De résister un peu

Et puis
Tous ces gens
Qui ne veulent pas voir
Qui marchent
Avec le pas lent
D'un troupeau

Et puis tous ces gens
Qui cherchent dans le noir
Avec des pas hésitants
Est-ce qu'on sauve sa peau

Punk

Démocratie
Cheveux gris
Pension à vie

Cheveux verts
En calvaire
Su'l trottoir
Qu'ossé m'a faire

Monsieur est fâché
Il a fait un double bogey
Sur le vert aujourd'hui

Lui, y'é parti en affaires
Y s'est acheté
Un squeegie

Marché noir

Tu connais-tu ça la pauvreté
De pas savoir si tu vas travailler
Tu connais-tu ça la démocratie
De ceux qui parlent de liberté

La pension à vie
Les cheveux gris
La retraite dorée
C'est pas pour toé

T'as des organes
Organise-toé
Le marché noir
C'est fait pour toé

T'as des organes
Organise-toé
Pis oublie pas
Qu'ils t'ont humilié

T'as du talent
T'as pas d'argent
Pis t'aurais le goût
De faire des changements

Y'a des génies qui dorment
En dessous de la pluie
Pendant que les crétins
Font des festins

Tu t'es fait fourrer
Tu vas t'habituer
Tu t'es fait pogner
L'ostie d'hiver est arrivé

Ville

Il y a des gens
Là-haut
Qui répondent au téléphone

Il y a des enfants
Dans la rue
Avec leurs cris qui résonnent

Dans la pluie
De l'automne
Il y a mes silences
Qui tonnent

Dans les nuages
Là-haut
Il y a même
Mon âme qui frissonne

Dans la shop

Dépenser
Travailler, travailler, travailler
Sans pitié pour ceux
De qui tu seras frustré

S'emmêler, se démêler, cracher, jurer
S'énerver parce que trop occupé
S'abaisser, ne plus savoir
Accepter d'être

Pas de travail, être cassé, s'aliéner
Et la t.v., rêver, ne plus y penser
S'engouffrer, crier, s'effrayer
Trouver

Dépenser
Travailler, travailler, travailler
Sans pitié pour ceux
De qui tu seras frustré

À 18 ans, un matin
Il partit sur toutes les mers
Toutes les terres et tous les cieux
Guidé par une étoile

Il cherchait...

U.F.O.

Je suis avec Sylvie de l'Abitibi, en voyage dans l'Ouest canadien. On est étendus à la belle étoile sur le bord du lac Okanagan. Il y a trois lumières blanches qui apparaissent à notre droite. Elles s'entrecroisent et se mélangent d'une manière étrange. « C'est quoi ça ? » Des hélicoptères, un avion, des mouettes illuminées ! Ça se passe très vite ! Elles avancent, avancent vers nous, les lumières ou plutôt cette étrange énergie. Elles se transforment soudainement en vaisseau spatial avec plein de lumières autour. Le vaisseau s'arrête au-dessus du lac, pas très loin de nous. Mes doigts crispés entrent dans la terre humide. Ouf ! L'engin se déplace tranquillement, mais en s'éloignant de nous.

Wow !

« Tu t'imagines-tu ce qu'on vient de voir ? »,
qu'a dit Sylvie de l'Abitibi.

Ben oui, pis ?

« Tu t'imagines-tu ce qu'on vient de voir ? »,
qu'a dit Sylvie de l'Abitibi.

Ben oui, pis ? Qu'est-ce que tu veux qu'on fasse ?
Personne va nous croire.

Je restai fixé sur la dernière pensée que j'ai eue quand l'appareil s'éloignait.
Pourquoi ils ne sont pas venus nous dire ce qu'on faisait ici ?

[Colombie-Britannique]

Rêve étrange

Je me retrouve debout, à l'intérieur d'un vaisseau spatial. Il y a des hommes grands, blonds, vêtus de tuniques blanches autour de moi. Ils ont les cheveux longs. Ils sont debout, ils forment une demi-lune autour de moi, à environ dix pieds. Mon attention se tourne vers le premier être à ma droite. Un étrange rayon me transperce le front, comme une onde lumineuse, bénéfique. C'est comme une espèce d'énergie qui part de son front vers le mien. Une étroite communication où on comprend tout, d'un seul coup. Je me tourne vers le deuxième être. Paf ! Tout disparaît subitement. Je me réveille. Je suis seul dans ma cabane sur le bord du lac Okanagan. C'est deux jours après qu'on a vu l'appareil. Qu'est-ce qui a bien pu arriver ce soir-là ?

En tout cas, ça me fait du bien d'en parler.

Puis, si vous repassez, amenez vos blondes,
on va se faire un party.

Nous autres, on n'est pas sorteux.

Rencontre

Il y avait dix lieues pour vous rencontrer, et je les marchais
à pied dans ces montagnes. Il n'y avait que le temps impatient
qui me faisait accélérer la cadence.
Je m'en mordais les lèvres à la vue de cette demoiselle.
Mes mains tremblaient dans l'anxiété de l'inconnu,
du plus agréable sentiment d'inconnu.

Ils s'arrêtèrent
Se regardèrent
Ils n'étaient pas du même monde
Pourtant, ils étaient semblables

Vous

Approchez-vous
Doucement de moi
Vous êtes si belle
Et si pure

C'est parce qu'il y a
Cette étrange blessure
Mais dites-moi pourquoi
Cette éternelle brûlure

Comme si on avait cousu
Ma chair à la terre
Comme si on avait collé
Mon sang à la guerre

Approchez-vous
Doucement de moi
Vous êtes si belle
Et si pure

C'est parce qu'il y a cette blessure
Le mauvais côté de l'amour
Se dresse en mon corps
Comme une étrange sépulture

S'il-vous-plaît
Enlevez le temps
Qui me poignarde
Et dans mon être
Cette brisure

Regard

Vous avez ce regard
Parfois
Qui peint des fresques chinoises
Sur mon cœur de porcelaine
Des secrets sur mon âme

Des secrets
Qui n’ont pas d’âge…

Là

Il n'y aura plus
Les dollars fous
Les enchères de ces gens condamnés

Il n'y aura plus
Le voile noir des gourous
De ces gens recourbés

Il n'y aura plus
La misère des enfants
De ces gens sacrifiés

Il n'y aura plus
De ces cris, cet enfer
Derrière ces portes d'acier

Là où je t'emmènerai
Là où je t'emmènerai

Tu peux tout oublier
Même le froid de l'hiver
Ces morsures de vipères

Tu peux tout oublier
Même les pièges si pervers
De ces gens pleins d'idées

Là où je t'emmènerai
Là où je t'emmènerai

Ils ont sculpté de leurs mains
Le visage de la liberté
Ils ont séché de leurs voix
Toutes mes larmes dorées

Là où je t'emmènerai
Là où je t'emmènerai

Dans les bras de l'amour
Tu pourras t'en aller
Dans les bras de l'amour
Tu pourras t'écouler

Comme de l'eau…

Vagabond

Ah ! Quel bonheur d'être loin
Où tout est neuf et toujours beau
Où tout recommence à voler
Comme l'oiseau

Où libre, ta voix éclate de cristal
Je suis dans un grand bal
Entre le soleil et les étoiles

À ce soir, chère amie
À la grande valse

Fée

Comment fait-elle
Pour cueillir les étoiles
Dans ses grandes mains
Comme des bouquets de fleurs

Et une à une
Comme des pépites d'or
Les déposer doucement
Au-dedans de mon cœur

Comment fait-elle
Cette fée
Avec son sourire
Pour balayer les cendres passées
Pour souffler les braises
Ce divin feu, rallumer

Les amoureux

Ils dansent tous dans un grand hall
Entre le soleil et les étoiles
Ils viennent de bien plus loin que l'on croit
Ils viennent de bien plus loin que l'on voit

Ils valsent dans le lit de l'univers
Des bouquets de roses, entre leurs doigts
Ils dorment quand je chante ces vers
Ils se promènent dans l'au-delà

Ils sont à Venise et à Vénus à la fois
Ils vont dans leurs yeux chercher tout l'éclat
Ils sont humains et dieux à la fois
Ils sont venus pour s'aimer, tu vois

Ils valsent toujours dans la lumière
Des bouquets d'étoiles entre leurs bras
Parfois quand ils reviennent sur terre
C'est pour nous enseigner de leurs voix

Rêve de cristal

Tu es entrée dans mon âme
Au moins quelques secondes
Tu es restée là, debout
Silencieuse comme une sonde

Tu es entrée dans mes yeux
Et je t'ai demandé
De cet œil comme d'une fronde
Tant d'amour est passé

Tu as donné un bal
Dans un grand vaisseau d'or
Tu m'as enlevé le mal
Que j'ai quand je dors

Tu aurais pu me laisser
Au moins quelques souvenirs
Tu aurais pu m'emmener
Au-delà des désirs

Tu aurais pu me laisser
Ailleurs que dans ma mémoire
Tous ces rêves de cristal
Et ce grand vaisseau d'or

Le grand fleuve

Si loin mes amours
Et moi qui tends la main
Seul,
Je dors dans ses bras
Seul

Si loin mes amours
À sept jours de bateau
Sur le grand fleuve
Et moi qui tends la main

Le vent m'envoile
Ses mains blanches
Sur mon cœur de baleine

À la grande lune
Un bateau ancré
Après sept jours passés
Sur le grand fleuve

Le vent m'envoile
Ses mains blanches
Sur mon cœur de baleine

Belle bergère

Quand le vaisseau
S'éloignera du port
Alors que mon sort
S'enfoncera sous l'eau

Quand du bateau
On repêchera mon corps
Alors que mon âme
Voguera sur l'eau

Où seras-tu
Belle bergère
Me retrouveras-tu
Près des lumières

Quand ils auront tout compris
De ce que je ressens
Quand le feu
Asséchera mon sang

Quand le vent
Éparpillera mes cendres
Et que la terre
Recouvrira mon ventre

Où seras-tu
Belle bergère
Me retrouveras-tu
Près de la mer

Quand, de tristesse
Dans mes méandres
Je mendierai
Tes parfums et tes encens

Seras-tu lasse
D'entendre
Autant de prières
Nées du néant

Quand je n'aurai
Plus de corps
Que je pourrai enfin
Frôler les aurores

Me suivras-tu
Belle bergère
Me suivras-tu

Dans ce pays
Où tout est permis…

Ange noir

Je suis le gardien
De la nuit
Je rôde dans le noir
Sans trop faire de bruit

Dans une étrange salle
Où mes mots sont maudits
Dans un palais de cristal
Je me suis endormi

N'ayez crainte
La terre ne m'a pas enseveli
Ni la mer
Noyé ma folie

Je me suis trouvé
De quoi à faire
Gardien de nuit
Dans une prospère industrie

Quand le jour se lève
Mon calvaire est fini
Quand le jour se lève
Je m'enfuis en taxi

Fugue

Mère terre, père lumière
Je vous fais mes adieux
Enfin je déménage
Je tourne encore la page

Je pars sans bagages
Visiter l'immensité
Je crois que vous comprenez
Ce besoin de liberté

Il y a tant d'étoiles
Que je veux toucher
Et pour tout dire
J'en avais assez

Je prends un taxi pour le paradis
Parce que je veux voir d'autres galaxies
Je prends un taxi pour le paradis
Parce que je veux revoir de vieux amis

Mère terre, père lumière
Je vous fais mes adieux
J'ai pas tout compris
Ce qu'il fallait faire

Ils ont beau me dire
C'est comme ça dans la vie
Qu'il faut souffrir
Moi, ça – ça me met tout à l'envers

Chauffeur ! Downtown l'univers !

www.ingramcontent.com/pod-product-compliance
Ingram Content Group UK Ltd.
Pitfield, Milton Keynes, MK11 3LW, UK
UKHW021127260726
13994UKWH00001B/26